AF399753

# EL MÉTODO LEAN STARTUP

Las claves para aprender emprendiendo

Por Xavier Xhoffray
Traducido por Laura Bernal Martín

# 50MINUTOS.es

# SACA LO MEJOR DE CADA SUPERVENTAS

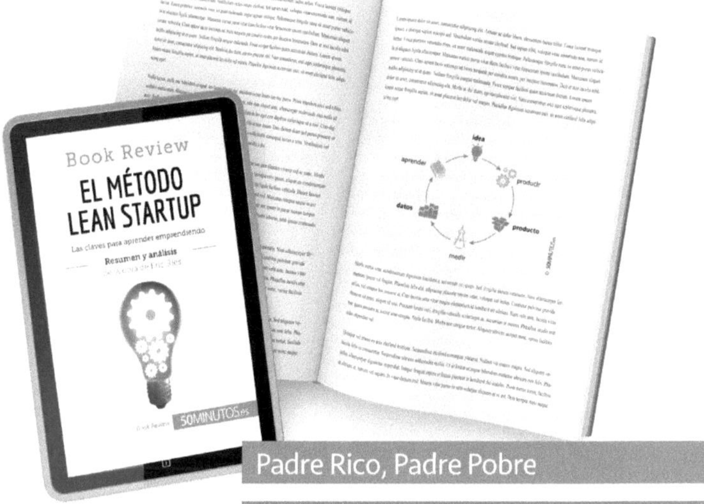



Padre Rico, Padre Pobre

Empresas que sobresalen

La semana laboral de 4 horas

Primero, lo primero

# www.50minutos.es

# *LEAN STARTUP*

## UN MODELO DE ÉXITO EMPRESARIAL

Tras el fracaso de su primera empresa emergente, Catalyst Recruiting, Eric Ries decide adoptar un método completamente distinto —aunque desacreditado por las principales teorías de gestión tradicionales—: el *Lean Startup*.

Este método, adaptado de la teoría desarrollada por los ingenieros japoneses de Toyota, insiste en la importancia de reducir el despilfarro y de proceder a empujones, rectificando constantemente la trayectoria en función del *feedback* que nos dé el cliente.

Tras aplicar estos principios en el seno de su propia empresa emergente y en vista del interés que manifiestan por el tema los lectores de su blog, Eric Ries decide publicar la obra *Lean Startup*, donde compila sus enseñanzas vinculadas a sus propias experiencias.

- **¿Edición de referencia?** Ries, Eric. 2012. *El método Lean Startup. Cómo crear empresas de éxito utilizando la innovación continua.* Traducido por Javier San Julián. Barcelona: Deusto. E-book en epub.
- **¿Primera edición?** 2011.
- **¿Autor?** Eric Ries (estadounidense, nacido en 1978) cofunda a los 26 años la empresa IMVU, en la que aplica el principio del *lean startup* o emprendimiento ágil. En 2011 nos ofrece en su obra las principales claves de este método.
- **¿Ámbito?** Gestión de la producción y búsqueda de rendimiento.
- **¿Palabras clave?**
  - *Startup* o empresa emergente: joven empresa innovadora con un gran potencial de crecimiento.
  - *Lean manufacturing*: método de organización que consiste en eliminar todos los desperdicios que se presentan en el proceso de producción al tiempo que practica una política de progreso permanente. Esta filosofía se aplica

por primera vez en los años setenta en Toyota para imponerse a continuación en la mayor parte de los grandes grupos industriales.

- *Lean Startup*: aplicación del método del *lean manufacturing* al proceso de innovación en todo tipo de empresa. Hoy en día, esta aplicación imaginada en los años 2000 por Eric Ries y aplicada en la empresa IMVU experimenta un gran éxito en el mundo empresarial.

# CONTEXTO

## EL AUTOR

Eric Ries nace en 1978 en los Estados Unidos. Cuando no es más que un universitario coescribe un primer libro titulado *Black Art of Java Game Programming*, una guía dinámica e interactiva que tiene como objetivo la utilización óptima del programa informático Java. A continuación realiza estudios de programación informática en la Universidad de Yale, al tiempo que lanza con un amigo su primera empresa emergente. Se gradúa en 2001 y, con el título universitario en el bolsillo, inicia una carrera como empresario en el famoso Silicon Valley.

### ¿Sabías que...?

Silicon Valley es una región de California que se encuentra cerca de la bahía de San Francisco, en la costa oeste de los Estados Unidos. Su nombre procede del compuesto químico empleado en la tecnología electrónica y en la fabricación de paneles solares fotovoltaicos, el silicio (*silicon* en inglés). Esta región alberga desde hace años las principales empresas activas en la industria de las tecnologías punta. Este ambiente propicio a las emulaciones empresariales se hace célebre enseguida y es reconocido en todo el mundo.

Eric Ries trabaja como ingeniero de *software* para la empresa There.com, especializada en el ámbito virtual. En 2004, cuando la empresa quiebra, decide fundar otra con Will Harvey, un antiguo compañero de trabajo de There.com: se trata de IMVU, una empresa que comercializa un *software* de mensajería instantánea empleando avatares 3D personalizados y que también le permite a los distintos usuarios jugar entre ellos. Hay que recordar que este tipo de redes sociales están de moda, ya que ese mismo año, Mark Zuckerberg crea Facebook.

Poco después, Ries conoce a Steve Blank, un talentoso empresario de Silicon Valley y futuro inversor de IMVU. Este encuentro será determinante para el desarrollo de la carrera profesional de Eric Ries. De hecho, es Steve Blank el que insiste en la necesidad que tiene todo emprendedor de determinar realmente las expectativas y los deseos de sus clientes potenciales.



Por otra parte, el estudio de diferentes sectores de actividad lleva a Eric Ries a interesarse más de cerca por los métodos del *lean manufacturing*, un sistema de producción procedente de Japón. Su idea es simple pero terriblemente innovadora: aplicar esta filosofía *lean* al proceso de innovación.

Su modelo, caracterizado por tener un ciclo extremadamente rápido, por tener en cuenta los deseos de los clientes y por una toma de decisiones de base científica, se aplica en IMVU. Los resultados resultan fantásticos, y la idea de la empresa emergente *lean* se propaga rápidamente por otras empresas.

En 2007, la revista *BusinessWeek* le otorga a Eric Ries el título de «mejor joven emprendedor tecnológico».

Un año más tarde, se lanza a la realización de un blog informático, *Sartup Lessons Learned*, en el que comparte sus experiencias como fundador de empresas emergentes. Por primera vez, evoca en un artículo el concepto del *lean manufacturing* como método —en su opinión indispensable— para aumentar la eficacia. Este artículo llama mucho la atención en el mundo empresarial y le empuja a profundizar en el concepto.

En 2009, Eric Ries gana el premio TechFellow en la categoría de *Engineering Leadership* («Ingeniería de Liderazgo»), un premio con renombre en el mundo de los negocios. Su fama no deja de crecer y son muchas las empresas emergentes y las compañías que recurren a sus servicios como consejero. En 2010 se convierte en «emprendedor residente» (es decir, en un especialista en la creación de empresas que aporta su conocimiento a un fondo de inversiones o en el seno de las universidades) en la Escuela de Negocios de Harvard.

En 2011, publica la obra *Lean Startup*, que enseguida se convierte en un superventas.

# CONTEXTO Y ÁMBITO

En 1972, después de años de investigación y experimentación, Toyota pone en marcha en su ciclo de producción un nuevo método, el *lean manufacturing* (*lean* significa en inglés «magro», «desengrasado»). El principio de este método es a la vez simple y eficaz: quiere disminuir las pérdidas y los desperdicios y, como consecuencia, reducir los costes. Esta filosofía del *lean* interviene en un contexto en el que se pone en marcha una búsqueda constante de incremento de la productividad, en una sociedad en pleno «*boom* del consumo». Hay que producir más sin parar y, al mismo tiempo, reducir al máximo los costes de producción.

Con este objetivo, Toyota se fija como meta una drástica disminución del despilfarro (*muda* en japonés). Según los ingenieros de Toyota, estas fuentes de despilfarro son siete.

Sobreproducción
Expectativa
1
2
Movimientos inútiles
7
Transporte
3
Correcciones/ Retoques
6
4
Etapas inútiles
5
Existencias
© 50MINUTOS.es

1. Producción que supera las necesidades de los clientes, que bloquea sin aportar valor

2. Inactividad forzada, interrupciones, tiempos de espera importantes entre dos etapas de producción

3. Recorrido de los productos de un lugar a otro demasiado largo o inútil

4. Despilfarros en el proceso de fabricación, operaciones superfluas para el cliente

5. Capital inmovilizado debido a una super-producción o a una mala planificación

6. Pérdida de tiempo y de dinero corrigiendo aquello que ya se debía haber hecho, debido a un fallo que podría haberse evitado de antemano

7. Gestos inútiles y no ergonómicos



En los años noventa, la filosofía del *lean* cruza el Pacífico y es teorizada por pensadores estadounidenses como James P. Womack y Daniel T. Jones (*Lean Thinking*, 1996), Terry L. Bresser (*Team Toyota*, 1996) o Jeffrey K. Liker (*El talento*

*Toyota*, 2007). El *lean* se propaga a continuación por distintas industrias, empezando por las automovilísticas.

Son muchos los que imaginan una posible adaptación de esta filosofía a otros sectores económicos.



### ¿Sabías que…?

Hoy en día, existen otras aplicaciones reconocidas del *lean*:

* la gestión *lean* o *lean management*, que busca eliminar toda forma de despilfarro del trabajo en el seno de organizaciones como empresas o unidades de producción. En este contexto, conviene erradicar los *muda* (todo lo que no tiene valor), los *muri* (los procesos de trabajo, poco o nada adaptados y que provocan un volumen de trabajo adicional) y los *mura* (irregularidades);
* la tecnología *lean* o *lean IT*, que es la extensión de los principios del *lean* al mundo de los sistemas de información;
* el *lean software*, que es la aplicación del

*lean* al desarrollo de *software.*

Este es en especial el caso de Eric Ries, que evoca el término *lean manufacturing* en 2008 en su blog. En un primer momento, lo que quiere es acomodar este método a la creación y al desarrollo de empresas emergentes. En este sentido, le confía en junio de 2016 al *Journal du Net* que, como cualquier joven emprendedor de la época, se ha visto enfrentado a este problema de base: ¿cómo me aseguro de que el producto en el que trabajo desde hace meses —a veces incluso años— encontrará su clientela?

El autor está convencido de que el método adecuado para responder a esta cuestión consiste en acercarse todo lo posible a los futuros usuarios potenciales con el fin de desarrollar un producto que estos últimos quieran realmente adoptar y utilizar. Sin embargo, como preconiza el método *lean*, hay que evitar los riesgos y los desperdicios. De esta forma, según Ries, es preferible alejarse de un lanzamiento por todo lo alto cuando queremos que se conozca nuestro producto y privilegiar la realización de un test de antemano entre un grupo reducido de personas. En efecto, el hecho de probar el producto en un grupo limitado permite medir los resultados rápidamente y con un coste más bajo, al tiempo que detectamos los errores.

# EL MÉTODO *LEAN STARTUP*

La obra retoma punto por punto los principales principios de este método innovador y se dirige directamente a todo emprendedor deseoso de lanzar su propia empresa o de renovar el dinamismo insuflado a su proyecto.

La primera parte del libro aboga por el establecimiento de una nueva disciplina de gestión empresarial basada en la experimentación científica. Este método permitirá a todo tipo de empresa emergente calibrar los progresos realizados. La segunda parte entra de lleno en el tema y presenta el método con todo detalle. La última parte demuestra que este método es fácil de aplicar a cualquier tipo de empresa y que permitirá rentabilizar rápidamente el proceso de innovación.

En términos generales, los procedimientos enseñados en esta obra le aportarán a los que lo deseen las herramientas necesarias para maximizar su fuerza creadora y permitir que sus proyectos despeguen.

## EL *LEAN* APLICADO A LAS EMPRESAS EMERGENTES

Una *startup* es, en esencia, una empresa que se desarrolla en un entorno hecho de incertidumbres y de riesgos. Es preciso que sus dirigentes sean conscientes de ello y que acepten sus consecuencias, sobre todo la que consiste en cuestionarse constantemente. Estas condiciones de extrema incertidumbre son propicias al establecimiento de una gestión empresarial dedicada a la innovación y al crecimiento. En efecto, un crecimiento económico sostenible a largo plazo debe pasar necesariamente por la introducción permanente de innovaciones.

El método *lean* conviene a las empresas emergentes de cualquier clase y tamaño, y permite que cada empresario controle mejor su empresa y gestione mejor los distintos aspectos, al tiempo que evita el despilfarro de tiempo y de esfuerzos. Así, es libre de dedicarse a las cuestiones importantes para el crecimiento de su empresa.

Para poder concentrar mejor su energía, conviene saber en primer lugar qué necesita el cliente, para así rentabilizar la producción. Siguiendo el método *lean*, la fabricación de un producto adaptado a la demanda puede hacerse a empujones a través de ajustes constantes. El objetivo es comprender qué considerarán como una creación de valor suplementaria los clientes potenciales.

## EL CICLO DE *FEEDBACK*

Toda empresa emergente se caracteriza por lo que llamamos el ciclo de *feedback*:

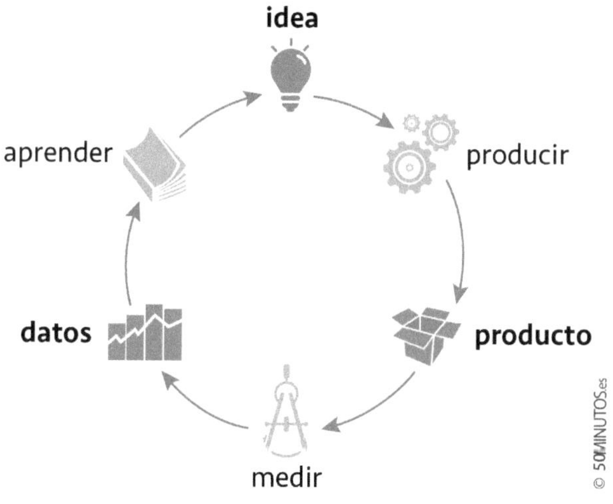

Reducir la duración total de este ciclo permite a las empresas reducir sus pérdidas de tiempo, de dinero y de energía. Es posible influir en estos tres elementos del ciclo.

## Crear: el producto mínimo viable

El producto mínimo viable (PMV) es de alguna manera un prototipo de producto que queremos lanzar al mercado. Esta versión del producto se considera mínima porque su implementación requiere el mínimo de esfuerzo y de tiempo posible. Por lo tanto, es evidente que el PMV no será perfecto y que le faltarán muchas funcionalidades antes de parecerse al producto final imaginado al principio.

Sin embargo, esta versión mínima del producto permite entrar directamente en la fase de producción y confrontarlo por primera vez con los clientes. El estudio de sus reacciones ante el prototipo es útil en el lanzamiento del proceso de aprendizaje vía *feedback*. Por lo tanto, el PMV permitirá eliminar lo más rápidamente posible los posibles despilfarros y tomar el camino más corto para aprender lecciones que serán útiles en la validación del producto. En efecto, toda estrategia descansa en hipótesis, por lo que hay que probarlas lo antes posible para valorar si son susceptibles de funcionar o no.

Es importante insistir en el hecho de que el PMV no tiene por qué ser perfecto. Al contrario, incluso un PMV de baja calidad aporta información y datos útiles —incluso esenciales— para la continuación del proceso. Además, juzgar la calidad del PMV ya antes de su lanzamiento al mercado supondría poseer un conocimiento de las características que el cliente considerará que tienen un valor añadido, y este nunca es el caso cuando se lanza un producto (cabe recordar que una empresa emergente evoluciona en un entorno colmado de incertidumbres y en el que ni siquiera sabe quiénes podrían ser sus clientes potenciales).

No hay que olvidarse de que, en general, un PMV aportará malas noticias, pero hay que ser capaz de superarlas. No hay que tener miedo al fracaso, ya que este permite aprender y evolucionar. Por lo tanto, más vale demostrar flexibilidad, obstinación y no perder la esperanza.

La experiencia de IMVU es especialmente elocuente en lo que se refiere al establecimiento de un PMV:

> «Cuando estábamos recaudando fondos de inversores de capital riesgo, nos sentíamos avergonzados. Para empezar, nuestro producto todavía tenía muchos fallos y era de baja calidad. En segundo lugar, [...] tampoco es que [nuestras cifras] fueran exactamente impresionantes [...] eran tan bajas que los inversores solían preguntarnos: "¿En qué unidades están estos gráficos? ¿Están en miles?". Les teníamos que responder: "No, señor, son unidades"» (Ries 2012, cap. 6).

Esto no impide que la implementación de PMV coherentes le haya permitido a IMVU realizar los ajustes necesarios y crecer con rapidez.

## Medir: la contabilidad de la innovación

En esta fase de medida hay que determinar si los esfuerzos para el desarrollo del producto dan lugar a un progreso real. Para ello, Eric Ries recomienda lo que denomina la contabilidad de la innovación, que es una perspectiva cuantitativa de los esfuerzos que hay que realizar y de los eventuales progresos. Gracias a este método, toda empresa verá si logra crecer a largo plazo.

- En un primer tiempo, se trata de emplear el PMV para obtener datos sobre el entorno en el que el producto debería evolucionar.
- A continuación, hay que ser capaz de pasar «del funcionamiento de base al régimen ideal» a través de muchos intentos y de microajustes basados en el análisis de los datos recabados. Es importante fragmentar bien este análisis y realizar pequeños cambios poco a poco, fijándose etapas. Cada evolución debe tener el objetivo de mejorar un elemento del motor de crecimiento (hablaremos de ello <u>más adelante</u>). Por ejemplo, podemos mejorar el diseño del producto para influir en el comportamiento de los clientes. Para el proyecto, estas distintas etapas son fases de validación del conocimiento. En el ejemplo de un cambio de diseño, esta modificación debe conllevar un efecto positivo sobre la tasa de activación de nuevos clientes. Si este es el caso, se considerará un conocimiento validado y permitirá detectar los posibles problemas que puedan surgir e imaginar un posible pivotaje.
- Finalmente, cuando se hayan realizado todas las mejoras posibles, llega el momento de la decisión final. ¿Hay que cambiar de rumbo

(si la empresa no progresa en la dirección deseada) o hay que persistir y mantenerlo (en el caso contrario)?

Para tener la capacidad de tomar la elección adecuada, hay que evitar a toda costa los indicadores ilusorios. Muchos emprendedores recurren a ellos para simular un éxito o simplemente porque se niegan a abrir los ojos ante la realidad. Sin embargo, evitar dejarse guiar por estos datos ilusorios es primordial para avanzar hacia la perennidad de nuestra empresa emergente. Por lo tanto, no hay que fiarse de los indicadores decisionales, es decir, de las cifras útiles para juzgar la actividad y las etapas de validación de conocimientos. Así, muchas empresas buscan estos indicadores bastante genéricos, como el número total de clientes o las tasas de activación del servicio. Estas cifras pueden ser engañosas y no siempre son adaptables al motor de crecimiento. Por ejemplo, si este último se basa en la fidelización, los indicadores de este tipo son de poca utilidad para evaluar el crecimiento de la actividad. Habrá que interesarse en primer lugar por las tasas de adquisición y de anulación.

Para definir un indicador decisional, Eric Ries

recurre a la definición de las tres A:

- **Accionable**. Para que un análisis pueda llevar a la acción, debe subrayar una clara relación causa-efecto.
- **Accesible**. Los informes deben ser claros, precisos y accesibles a todos, con unidades de medida concretas y tangibles.
- **Auditable**. Los datos deben ser creíbles para todos los empleados, y tienen que probarse con sus imperfecciones.

Además, siempre hay que ser crítico con respecto a las cifras y, sobre todo, nunca hay que olvidarse que tras estos datos existe un factor humano omnipresente.

## Aprender: el pivotaje

Llega el momento de las conclusiones y de la toma de decisiones: ¿hay que perseverar o hay que alejarse de la estrategia inicial? Es en ese momento en el que interviene el concepto de pivote, que se encuentra en el centro de la teoría del *lean startup*.

Según Eric Ries, no hay nada más peligroso que

una empresa estancada. El estancamiento es destructivo para la creatividad humana, de la misma manera que lo es el hecho de querer perseverar a toda costa en un callejón sin salida. Un cambio de dirección, cuando funciona, puede devolver a una empresa a la vía de una actividad sostenible a largo plazo.

El verdadero valor de una empresa emergente se calcula según el número de cambios de dirección, de pivotes que aún puede permitirse, es decir, «el número de oportunidades que tiene para hacer un cambio fundamental en su estrategia de negocio» (Ries 2012, cap. 8). Todo cambio de estrategia es para una empresa una nueva oportunidad de dinamizar su actividad. Existen distintos tipos de pivotes:

- **pivote de acercamiento**, cuando una de las características del producto inicial se convierte en el producto completo;
- **pivote de alejamiento**, cuando el producto inicial se convierte en una de las características de un producto más importante;
- **pivote de segmento de consumidor**; cuando el producto responde a un problema para unos clientes que son distintos a los que se había

planeado en un principio;

- **pivote de necesidad del consumidor**, que entra en juego cuando los clientes tienen otros problemas que les preocupan más que aquellos a los que responde el producto existente. En otras palabras, el problema que hay que resolver no es el que se había previsto inicialmente;
- **pivote de plataforma**, que consiste en pasar de una aplicación a una plataforma o viceversa;
- **pivote de arquitectura del negocio**, es decir, el paso de una empresa de alto margen y bajo volumen a una empresa de bajo margen y alto volumen, o a la inversa;
- **pivote de captura del valor**. Existen distintas maneras de capturar/conocer el valor de una empresa en un momento dado. Algunos privilegian la monetización del capital o los ingresos de la empresa. Eric Ries, por su parte, está convencido de que el valor de una empresa se mide en el valor comercial del producto que vende. Cambiar la forma en la que medimos el valor de nuestra empresa puede tener consecuencias de gran alcance para el resto de la actividad, los productos y las estrategias de *marketing*;

- **pivote de motor del crecimiento**. Existen tres tipos:
  - el motor de crecimiento pegajoso,
  - el motor de crecimiento viral,
  - el motor de crecimiento remunerado ;
- **pivote de canal de venta o de canal de distribución**;
- **pivote de tecnología**, que se centra en la manera de realizar el producto.

Estos eventuales cambios constituyen pivotes que cualquier empresa puede efectuar antes o después si desea continuar por la vía de la innovación. Toda empresa, incluso las que se encuentran en expansión, debe poder cuestionarse a sí misma y, si es necesario, adaptar, cambiar o reinventar su estrategia, ya sea total o parcialmente.

Muchos emprendedores tardan demasiado en adoptar un pivote, y los motivos son múltiples: indicadores ilusorios, primeros resultados ambiguos u objetivos que no están lo suficientemente claros, miedo al fracaso, etc. Un pivotaje es emocionalmente duro de aceptar para un creador, que podría preguntarse sobre la necesidad de darle un poco más de tiempo al producto para que pueda «realmente» demostrar su eficacia. Y, efectivamente, se debe reflexionar y estructurar cuidadosamente un cambio de esta envergadura, pero tampoco hay que tenerle miedo. Hay que ser lúcido, objetivo y no querer cambiar a toda costa.

En este sentido existen dos factores que muestran que es el momento de tomar una nueva dirección: «la efectividad decreciente de los experimentos con el producto y la sensación generalizada de que el proceso de desarrollo del producto debería ser más productivo» (Ries 2012, cap. 8). Dicho de otra forma: ¿el producto aún crea el valor suficiente?

## LOS MÉTODOS *LEAN*

Distintos métodos *lean* permiten obtener una cantidad de conocimientos validados a un menor coste o en un periodo de tiempo más breve.

### La técnica de los lotes pequeños

Muchos gestores siguen estando convencidos de que el método de producción más eficaz es la producción en serie. Según Eric Ries, se trata de un error: el autor preconiza el flujo continuo con la fabricación en lotes pequeños. Esta fabricación es más rápida y permite identificar los problemas de calidad a mayor velocidad. Una vez identificados, la validación de los conocimientos no será más que una formalidad.

Una producción en serie precisa de un gran volumen de existencias de piezas sueltas para satisfacer la demanda de los clientes en todo momento. Todas estas piezas almacenadas pueden asemejarse a un tipo de despilfarro. La fabricación *lean* resuelve el problema de desabastecimiento gracias a la técnica llamada «tirar», en la que «cada paso en la línea tira las partes que necesita de la etapa anterior» (*ib.*). En otras palabras, solo se producen piezas cuando se convierten en necesarias para responder a las necesidades de la siguiente etapa del proceso, determinadas de antemano a partir de las peticiones y de las expectativas de los clientes. El pedido desencadena la fabricación de un producto.

<u>**¿SABÍAS QUE...?**</u>

«Tras la segunda guerra mundial, los productores de automóviles japoneses, como Toyota, no podían competir con las gigantescas fábricas norteamericanas, que usaban las técnicas de producción de masas más recientes [...] las fábricas de producción de masas producían coches usando los lotes más grandes posibles» (*ib.*). Con este método, las fábricas estadounidenses conseguían reducir el coste unitario de cada pieza. El mercado japonés, mucho más limitado y destrozado por la guerra, no podía seguirle el ritmo. Es en este contexto cuando ingenieros con ganas de innovar, como Taiichi Ohno (1912-1990) o Shigeo Shingo (1909-1990) recurren a lotes pequeños.

## La técnica de los cinco porqués

Cuando surge un problema en el ciclo de *feedback*, es necesario estar en condiciones de resolverlo. La técnica de los cinco porquéspermite detectar la causa profunda de un problema yendo más allá de las apariencias y de la evidencia. La idea es plantear la pregunta «¿Por qué?» al problema, en varias ocasiones, cuestionándonos cada vez sobre la causa identificada durante el «porqué» precedente para llegar hasta las raíces del problema, tal y como muestra el esquema que presentamos a continuación.

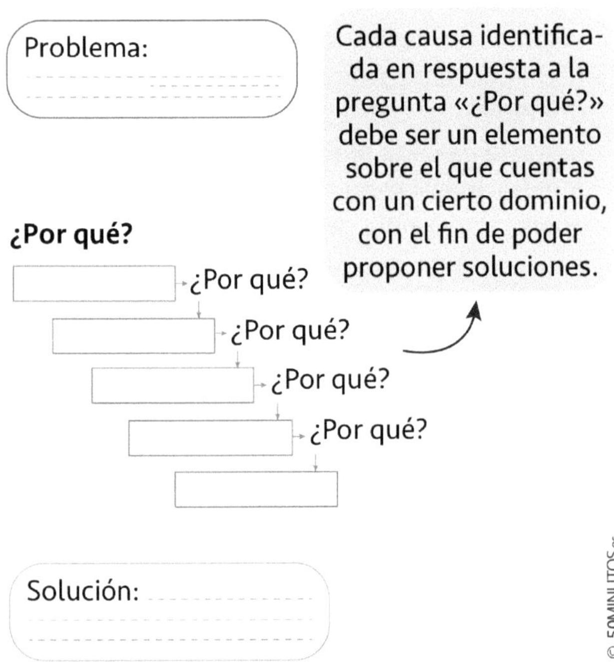




A continuación, será necesario invertir proporcionalmente en cada uno de estos cinco niveles del problema. Si este es menor, habrá que gastar menos energía para resolverlo. Los cinco porqués permiten detectar mejor los verdaderos problemas y de esta forma evitar malgastar demasiada energía. Este método, asociado a los lotes pequeños, constituye la base que necesita una empresa para reaccionar con rapidez a los problemas sin invertir más de lo necesario.

Para lograr un funcionamiento óptimo, hay que reunir al máximo de personas durante el análisis de las causas profundas de los problemas, ya que toda absencia correría el riesgo de verse señalada como chivo expiatorio, lo que es contraproducente. También es necesario que la aplicación de este método se lleve a cabo en un entorno de confianza mutua y de responsabilización. De esta manera, es importante considerar cada error, cuando ocurre por primera vez, con indulgencia, y hacer todo lo posible por que no vuelva a producirse. Finalmente, no hay que olvidarse de que este método se arriesga a sacar a la luz hechos y verdades incómodas, y que la resolución de los problemas conllevará una importante inversión financiera y de tiempo. Sin embargo, estos esfuerzos son indispensables a largo plazo.

## Los motores de crecimiento

El motor de crecimiento es el mecanismo al que recurren las empresas emergentes para desarrollarse de manera durable. El objetivo de toda empresa es intensificar su motor de crecimiento —concebido para limitar los indicadores— que permite a la sociedad concentrarse en los datos de algunos indicadores únicamente, ignorando los otros, y mejorar así la velocidad de validación de las hipótesis. Existen tres tipos de motores de crecimiento:

- **el motor de crecimiento pegajoso**. Consiste en atraer y retener a los clientes a largo plazo. Es necesario que el número de clientes nuevos supere al de los clientes que se van. Este motor está dedicado a los clientes existentes e intenta hacer que aprecien más el producto para aumentar su tasa de retención.
- **el motor de crecimiento viral**. A través de este motor son los clientes los que realizan la mayor parte del *marketing*. Este motor se concentra en la cantidad de amigos que cada nuevo cliente podrá conseguir que aprecie el producto de la empresa. Este tipo de transmisión se realiza de forma inconsciente.
- **el motor de crecimiento remunerado**. El ob-

jetivo de este motor es aumentar los ingresos procedentes de cada cliente o reducir su coste de adquisición. Hay que ser capaz de monetizar una clientela concreta y calcular lo que un cliente potencial podrá gastar a lo largo de su vida en el producto.

En teoría son varios los motores de crecimiento que pueden emplearse al mismo tiempo. Sin embargo, la experiencia de Eric Ries lo incita a pensar que es preferible privilegiar solo uno. El concepto del motor de crecimiento permite ver si una empresa ha encontrado la idoneidad entre su producto y el mercado; en otras palabras, si una empresa ha encontrado una clientela amplia y fiel.

Todo motor de crecimiento acaba por quedarse sin aliento. Por tanto, es necesario ser capaz de anticiparnos a este agotamiento y estar listos en todo momento para cambiarlo. Para ello, es indispensable que la empresa mantenga una cierta flexibilidad en lo que a su estructura se refiere.

## CONCLUSIÓN

Una empresa emergente que lanza al mercado

un producto debe ante todo evitar cualquier forma de despilfarro. Para ello, es primordial buscar el contacto con los clientes potenciales: hay que conocerlos y reunirnos con ellos para darnos cuenta de aquello que podría ser para ellos un valor añadido del producto propuesto y para orientar la producción y el *marketing* en este sentido.

A continuación, es importante minimizar el tiempo que se pasa en el ciclo de *feedback*. Detectar los posibles problemas que podrían surgir lo más rápido posible, ser capaz de efectuar los ajustes necesarios en el buen momento y poder modificar la estrategia global por completo o en parte son parámetros que podrán hacerle ganar tiempo y dinero a la empresa.

# REPERCUSIONES DE LA OBRA

## CRÍTICAS A SU ENFOQUE

Las técnicas *lean* no despiertan unanimidad. En términos generales, al *lean manufacturing* se le reprocha que haga todo lo posible para intensificar el trabajo, lo que tendría repercusiones en el bienestar físico y mental de los trabajadores. La persecución del despilfarro y el tiempo perdido, considerado inútil, priva a los trabajadores de un tiempo de recuperación a veces muy necesario. En efecto, algunos dirigentes tienden a aplicar estos métodos solo por el aspecto «ganancia de productividad/reducción de los costes». Para el detractor de este enfoque, el *lean management* debe verse antes que nada desde una lógica de mejora a largo plazo, carente de esta obsesión con el aumento de productividad —una posibilidad que sigue siendo difícil de imaginar en un periodo de crisis o de complicaciones.

Si nos interesamos más en concreto por el concepto *lean startup* lanzado por Eric Ries, aunque el libro se venda extremadamente bien —se convierte en un superventas poco después de su publicación— se alzan voces para denunciar una focalización en el corto plazo. La empresa emergente *lean* rompe la posibilidad de una visión a largo plazo porque al menor contratiempo se plantea un cambio de estrategia. Con esta visión empresarial, muchas empresas que han tardado considerablemente en instalarse en el mercado probablemente nunca se habrían abierto camino. Sin contar con el hecho de que en ausencia de una visión a largo plazo las posibilidades de encontrar inversores se ven fuertemente reducidas.

Asimismo, el método *lean startup* dejaría a un lado el aspecto humano: a fuerza de querer prepararse contra cualquier incertidumbre, el emprendedurismo podría perder su lado pasional y privilegiar un razonamiento frío. Además la empresa emergente *lean* tiene que poder contar con emprendedores humildes y razonables. En efecto, hay que ser capaz de olvidarse del orgullo con regularidad y aceptar que nuestros proyectos estén destinados a acabar enseguida en la basura.

Otras voces se alzan para denunciar el que se anime a realizar una prueba tras otra. La mayor parte de ellas serían inútiles, mientras que encadenar las innovaciones a un ritmo frenético cansaría rápidamente a los empleadores y a los creadores.

Los productos fruto de una empresa emergente que aplica los principios *lean* también se ven sometidos regularmente a críticas, puesto que a menudo llegarían al mercado incompletos o rotos y resultaría difícil apreciarlos. En efecto, parece difícilmente concebible que clientes potenciales privilegien un producto desprovisto de funcionalidades esenciales por encima de otro sobre el que se haya pensado cada detalle. En este punto, ponerlo en venta no sería más que una pérdida de tiempo. A las principales críticas no les tiembla el pulso al tomar como ejemplo empresas como Google o Facebook: sus productos no llegaron al mercado siendo de baja calidad. Al contrario, observaron lo que se hacía antes y aprendieron de los demás. Los más pesimistas no dudan en decir que a una empresa le basta con observar los errores que cometen las *lean startup* cuando lanzan sus productos al mercado para no caer en ellos y superarlos proponiendo directamente un producto mejor para, a continuación, hacerse rápidamente en el mercado, tal y como hizo Apple.

<u>**¿Sabías que...?**</u>

Algunos autores y blogueros se muestran muy vehementes con estos métodos *lean*. Recordemos especialmente a Thomas Guyon, exdirector de incubadora y emprendededor (Frenchweb 2015), así como el emprendedor Guilhem Bertholet (Bertholet 2013).

Finalmente, una crítica que vuelve con regularidad insiste en la falta de compatibilidad entre el conjunto de los métodos descritos por Eric Ries y las medianas o grandes empresas. Estos métodos siguen estando ante todo adaptados a pequeñas empresas.

## EXTENSIONES Y PERSPECTIVAS SIMILARES

A pesar de estas críticas, el movimiento *lean*

*startup* se ha extendido a escala global. Hoy en día existen un gran número de fuentes que tratan sobre este tema. En primer lugar, la página oficinal de <u>The Lean Startup</u>, dirigida por el propio Eric Ries —que, como ya hemos mencionado, también cuenta con un blog sobre esta cuestión, el <u>Startup Lessons Learned</u>—. Por supuesto, también tenemos las obras de Steve Blank, un verdadero precursor en la aplicación de ciertas teorías *lean* en las empresas, como *Los cuatro pasos para la epifanía* (2013), que aborda los métodos de desarrollo de clientes. Este último también cuenta con un blog en el que ofrece con regularidad consejos en materia de gestión de su clientela y del emprendedurismo procliente (<u>http://steveblank.com</u>). En el mismo ámbito, resulta interesante echarle un vistazo a los trabajos de Brant Cooper y Patrick Vlaskovits (<u>http://custdev.com</u>). Eric Ries también dice haber estado muy influido por pensadores como Sean Ellis (<u>http://www.startup-marketing. com/</u>), que aporta una verdadera reflexión sobre la forma de introducir el *marketing* en las empresas emergentes.

Además, se puede decir que se ha formado una

verdadera comunidad de adeptos. Por ejemplo, existen miles de grupos dedicados a este tema por todo el mundo (http://www.meetup.com/es-ES/topics/lean-startup/all/). En París tiene lugar cada quince días un evento organizado por Dojo sobre las *lean startup*, en el que pueden reunirse apasionados por estos métodos de trabajo y descubrir las herramientas que serán necesarias para el lanzamiento de una empresa emergente *lean*. También existe una lista de difusión que contiene una serie de información en línea que se intercambian día tras día apasionados por el concepto *lean startup* así como emprendedores activos que emplean esta práctica. Reagrupa a miles de creadores de empresas emergentes que ofrecen cotidianamente sus consejos, recursos y testimonios (http://www.leanstartupcircle.com/).

# EN RESUMEN

- El *lean manufacturing* es un método de producción aplicado por empresarios de Toyota en Japón tras la Segunda Guerra Mundial. Su objetivo era evitar todo tipo de despilfarro.
- Eric Ries ha decidido aplicar estos principios al proceso de innovación en cualquier tipo de empresas, en especial en las emergentes.
- El método *lean startup* se apoya antes que nada en un buen conocimiento de los clientes potenciales y del mercado en el que el producto debería evolucionar. Para ello, es indispensable acudir al terreno.
- La segunda etapa consiste en que los clientes prueben el producto. Sus comentarios permitirán que se realicen ajustes progresivos para evolucionar hacia la demanda y el deseo de los clientes.
- Algunas técnicas, como la de los «pequeños lotes» y los «cinco porqués» le permiten a las empresas emergentes detectar rápidamente los problemas que podrían ralentizar el proceso.

- El conjunto del proceso consiste en un mejor rendimiento del ciclo de *feedback*: saber mejor cuáles son las expectativas del cliente para aumentar la rentabilidad.
- Por tanto, los métodos *lean* consisten en economizar tiempo y dinero evitando cualquier tipo de despilfarro para preservar las fortalezas allá donde es realmente necesario.
- El emprendedurismo *lean* ha conquistado rápidamente a un gran número de emprendedores y ha llegado a todas partes del mundo. A continuación, han surgido algunas críticas, pero el conjunto del movimiento no ha dejado de crecer.

*¡Tu opinión nos interesa!*
*¡Deja un comentario en la página web de tu librería en línea,*
*y comparte tus favoritos en las redes sociales!*

# PARA IR MÁS ALLÁ

## FUENTES BIBLIOGRÁFICAS


- Bertholet, Guilhem. 2013. "La Lean Startup m'a Tuer – Les inconvénients d'une méthode miracle". *Création d'entreprise & startups !* 10 de diciembre. Consultado el 13 de julio de 2017. http://www.guilhembertholet.com/blog/2013/12/10/la-lean-startup-ma-tuer-les-inconvenients-dune-methode-miracle/

- Degonde, Stéphane. 2014. "Entrepreneurs, et si le Lean Startup n'était pas la solution magique?". *Harvard Business Review France*. 19 de mayo. Consultado el 13 de julio de 2017. http://www.hbrfrance.fr/chroniques-experts/2014/05/2186-entrepreneurs-et-si-la-lean-startup-navait-pas-reponse-tout/

- Germain, Sabine. 2013. "Le Lean management, un danger pour les salariés?". *Les Échos Business*. 4 de abril. Consultado el 13 de abril de 2017. http://business.lesechos.fr/directions-ressources-humaines/ressources-humaines/bien-etre-au-travail/le-lean-management-un-danger-pour-les-salaries-5925.php#

- Guyon, Thomas. 2015. "Lean Startup: la méthode qui plante 93 start-up sur 100. *Frenchweb.fr*. 7 de diciembre de 2015. Consultado el 7 de julio de 2017. http://www.frenchweb.fr/lean-startup-la-metho-de-qui-plante-93-start-up-sur-100/216587

- Officiel Prévention: Santé et Sécurité au travail, "Les risques organisationnels du Lean Management sur la santé au travail", 2013. Consultado el 7 de julio de 2017. http://www.officiel-prevention.com/protec-tions-collectives-organisation-ergonomie/psychologie-du-travail/detail_dossier_CHSCT.php?rub=38&ssrub=163&dossid=470

- Ries, Eric. 2012. *Lean Startup. Adoptez l'innovation continue*. Montreuil: Pearson France.

- Sharkey, Michael. "6 things wrong with the Lean Startup model (and what to do about it)". *Venture Beat*. 16 de octubre. Consultado el 7 de julio de 2017. http://venturebeat.com/2013/10/16/lean-startups-boo/

- The Lean Startup. Consultado el 7 de julio de 2017. http://theleanstartup.com/

- Tsagliotis, Adrien. 2015. "Entrepreneurs, testez d'abord votre produit sur 5 utilisateurs". *Journal du Net*. 15 de juino. Consultado el 13 de julio de 2017. http://www.journaldunet.com/web-tech/start-up/eric-ries-eric-ries-lean-startup.shtml

# FUENTES COMPLEMENTARIAS


- Blank, Steve. 2005. *The Four Steps to the Epiphany.* California: K&S Ranch Press.

- Christensen, Clayton. 1997. *The Innovator's Dilemma.* Harvard: Harvard Business School Press.

- Christensen, Clayton. 2003. *The Innovator's Solution.* Harvard: Harvard Business School Press.

- Deming, Edward. 1991. *Hors de la crise.* París: Economica.

- Drucker, Patrick. 1968. *La pratique de la direction des entreprises.* París: Cercle du livre précieux.

- Kanigel, Robert. 1997. *The One Best Way: Frederick Winslow Taylor and the Enigma of Efficiency.* Nueva York: Vinking.

- Liker, Jeffrey. 2009. *Le modèle Toyota – 14 principes qui feront la réussite de votre entreprise.* Montreuil: Pearson France.

- Martinaud, Bruno. 2012. *Start-up: Anti-bible à l'usage des fous et des futurs entrepreneurs.* Montreuil: Pearson France.

- Moore, Geoffrey. 1991. *Crossing the Chasm.* Nueva York: Harper Collins Publishers.

- Moore, Geoffrey. 1995. *Inside the Tornado.* Nueva York: Harper Business.

- Moore, Geoffrey. 2005. *Deuling with Darwin: How

*Great Companies Innovate at Every Phase of Their Evolution*. Ottawa: Portfolio.

- Mullins, John y Randy Komisar. 2009. *Getting to Plan B: Breaking Through to a Better Business Model*. Harvard: Harvard Business School Press.

- Reinertsen, Donald. 2009. *The Principles of Product Development Flow: Second Generation Lean Product Development*. Redondo Beach: Celeritas Publishing.

- Sloan, Alfred. 1967. *Mes années à la General Motors*. París: Édition Hommes et techniques.

- Taylor, Frederick. 1912. *Principes d'organisation scientifique des usines*. París: Revue de métallurgie.

- Watts, Steven. 2006. *The People's Tycoon: Henry Ford and the American Century*. Nueva York: Vintage.

- Womack, James. 2009. *Système lean – penser l'entreprise au plus juste*. París: Village mondial.

© **50Minutos.es, 2017. Todos los derechos reservados.**

www.50Minutos.es

ISBN ebook: 9782808002721

ISBN papel: 9782808002738

Depósito legal: D/2017/12603/657

*Libro realizado por* Primento, *el socio digital de los editores*